AF309514

PARIS SAÚVÉ,

OU

LA CONSPIRATION MANQUÉE,

DRAME NATIONAL,

EN TROIS ACTES ET EN PROSE,

PAR M. GABIOT.

Representé pour la première fois, à Paris, sur le Théâtre de l'Ambigu Comique le 10 Février 1790.

Prix 1 liv. 10 sols.

A PARIS,

Chez CAILLEAU & FILS, Libraires-Imprimeur, rue Galande, N°. 64.

1790.

PERSONNAGES.

LE DAUPHIN.
MAILLARD.
RICHARD.
GABRIELLE.
MARCEL.
ROBERT.
LE ROI DE NAVARRE.
CONJURÉS.
SOLDATS DES DEUX PARTIS.
SUITE DU DAUPHIN.

La Scène se passe à Paris.

AVIS

AUX

AUTEURS DRAMATIQUES.

ES circonſtances qui ont précédé la
epréſentation de *Paris ſauvé*, & ma propre
élicateſſe, me font une loi de le livrer à
'impreſſion ; quoique, peut - être, il ne
éritât pas cet honneur. M. Suard m'a
ccuſé d'avoir pris la Tragédie de M. Sedaine.
Comme cette derniere eſt imprimée, je fais
auſſi imprimer ma Pièce, afin que l'on puiſſe
es comparer. Mais ſi, comme il eſt vrai,
ette imputation eſt calomnieuſe, toute la
honte, tout l'odieux de la délation retombera
ſur M. Suard ; & c'eſt une peine qu'il aura
éritée.

Mais quand ce premier motif n'exiſteroit
pas, je dois au Public, qui a honoré ce foible
Ouvrage de l'intérêt le plus vif & le plus
flateur ; je dois, dis-je, au Public, en recon-
noiſſance, l'explication des moyens que l'on

a

Reliure serrée

vouloit employer pour en retarder, & peut-
être en empêcher la repréſentation. C'eſt
une dette ſacrée que je m'empreſſe d'acquit-
ter envers lui.

Ma Pièce, comme chacun le ſait, eſt tirée
de l'Hiſtoire de France, ſous le règne du
Roi Jean, fait priſonnier à la Bataille de
Poitiers. Tous les événemens de la Révolu-
tion actuelle m'ont paru s'adapter ſi natu-
rellement à ce ſujet, que je l'ai traité avec
chaleur & ſans délai. Des Etats-Généraux
aſſemblés, un projet de livrer Paris au Roi
de Navarre, formé par Marcel, Prévôt des
Marchands, découvert & renverſé par Maillard, premier Echevin ; enfin, le Dauphin,
depuis Charles V, ſurnommé le Sage, réu-
niſſant les vertus qui caractériſent notre
Roi ; voilà ce qui m'a ſéduit & inſpiré.

Mon Ouvrage fini , je l'ai donné aux
Directeurs de l'Ambigu-Comique, qui l'ont
accueilli, fait diſtribuer, répéter ; & de ſuite
ont commandé le décore & les habits. Je
l'avois intitulé : *Paris ſauvé*; & je le portai
à la cenſure de M. Suard. Pendant ce tems
on alloit toujours en avant, dans l'intime
& raiſonnable perſuaſion qu'il ne s'éléveroit
aucun obſtacle.

Tout-à-coup le ſieur Audinot reçoit une
lettre de M. Sedaine. La premiere phraſe

étoit conçue en ces termes: *C'eſt, Monſieur, avec ſurpriſe que j'apprends de M. Suard, que vous allez donner ſur votre Théâtre ma Tragédie de* PARIS SAUVÉ *arrangée à votre manière, &c.*

C'eſt ici que commence la conduite hon‑ nête & loyale de M. Suard. Au lieu de cenſurer mon Ouvrage, unique but de ſa commiſſion, il le dénonce ſecrètement à M. Sedaine, Académicien comme lui.

C'eſt au public, juſte & délicat, à juger ſi M. Suard s'eſt renfermé dans les bornes de ſa place, en allant provoquer clandeſti‑ nement une réclamation que M. Sedaine ne faiſoit point, & qu'il n'avoit pas même le droit de faire. N'a‑t‑il pas compromis la confiance publique en donnant à une per‑ ſonne, même de ſon intimité, connoiſſance d'un manuſcrit, dont il n'avoit reçu que le dépôt? Les abus les plus graves ne peuvent‑ ils pas réſulter de cette conduite? Sans par‑ ler des chagrins qu'elle m'a donnés à moi‑ même, ne pourroit‑il pas arriver que toute autre perſonne, à qui M. Suard donneroit ſemblable connoiſſance, fût capable de s'em‑ parer de l'Ouvrage, & d'en faire ſon profit. Si ces idées ſont juſtes, & fondées ſur l'honnêteté des mœurs & des procédés, que iv

le Public juge M. Suard, qui a été un dé-
positaire infidèle.

Pour éviter la honte de ce nom, & fervir
en même tems fon ami M. Sedaine, qu'a-
voit-il à faire ? Cenfurer ma Pièce & la ren-
voyer à M. le Maire, avec des obfervations
qui n'auroient pas été un arrèt arbitraire &
defpotique. M. Sedaine & moi aurions
plaidé nos droits; M. le Maire eût jugé; &
M. Suard n'auroit fait que fon devoir.

Cette conduite eft fi bien celle que M.
Suard devoit tenir, qu'il la met en pratique
lui-même, quand il ne trouve pas un Académicien à fervir. En voici un exemple ;
cette Caufe eft abfolument la mienne ; le
Jugement de M. le Maire n'eût pas été, &
ne pouvoit être différent, car c'eût été juger
contradictoirement dans la même Caufe.

On foumit dernièrement à la cenfure de
M. Suard le programme d'une Pantomime
intitulée : *Comminge*. Tout le monde connoît ce Roman, & le Drame de M. Arnauld-
Baculard, qui a été annoncé fur les affiches
de la Comédie Françaife ; il doit être joué
à la Comédie Françaife, & M. Suard le fait
bien. Il ne s'eft cependant pas permis d'aller
dénoncer l'Ouvrage à M. Arnauld, ni de
refufer fa cenfure ; elle eft en date du 29
Janvier 1790. Il l'a accompagnée d'une

observation, comme j'en demandois une; je la tranfcris mot pour mot; parce que j'ai l'original dans mes mains.

Obfervation de M. SUARD.

« Le fujet de cette Pantomime eft abfolu-
» ment le même que le Roman du Comte
» de Comminge. Il eft traité d'une maniere
» décente. Quant à la convenance de repré-
» fenter, fur *un Théâtre des Boulevards*, ce
» qui a pu fe paffer dans la Maifon des PP.
» de la Trappe, c'eft à la fageffe de M. le
» Maire à en décider. Je crois du moins qu'en
» permettant la repréfentation de cette Pan-
» tomime, il feroit convenable *de prefcrire*
» au Directeur de l'Ambigu-Comique de ne
» point donner aux Acteurs le coftume connu
» des Religieux de la Trappe, ni d'aucun
» autre Ordre Religieux. *Signé*, SUARD. »

Voilà du moins des raifons. Du moins le Cenfeur a lu & donné fon avis ! Je n'ai pas été fi heureux. Il n'a même pas voulu me lire; & il a décidé que j'avois pris la Tragédie de M. Sedaine. Comment donc a-t-il pu faire? Dès long-tems on eft convenu de ne plus croire aux forciers.

Sentiment de M. DUPORT DU TERTRE.

« Je penfe qu'il n'y a pas la moindre diffi-

» culté à permettre la repréſentation de cette
» Pantomime. Le ſujet étoit à tout le monde;
» & je crois que l'Auteur de la Pantomime
» l'a mieux ſaiſi que celui de la Pièce parlée,
» préciſément parce qu'il ne fait point parler
» des Trapiſtes. *Qui veut, & qui le peut,* a
» le droit de s'emparer & de traiter à ſa ma-
» nière un ſujet d'Hiſtoire ou de Roman. Tel
» eſt au moins mon avis, je m'en réfère au
» reſte à la prudence de M. le Maire.
            » *Signé*, DUPORT DU TERTRE. »

Chaque mot de cet avis, eſt un titre pour
moi, puiſque M. le Maire l'a approuvé
confirmé.

Déciſion de M. le Maire.

« Puiſque M. Duport du Tertre y con
» ſent, je permets auſſi la repréſentation.
            » *Signé*, BAILLY. »

Voilà du moins une marche juridique, o'
même les convenances ſociales ſont obſer
vées. Pourquoi M. Suard a-t-il cru pouvoi
s'en diſpenſer avec moi ? mais il ne s'eſt pa
borné là ; c'eût été trop peu pour lui; *il m'a
accuſé d'avoir pris la Tragédie de M. Sedaine.*
Cette inculpation eſt ſi grave, ſi peu dign
d'un homme délicat, que par-tout j'élèvera
la voix contre lui. Mais, encore une fois

comment a-t-il pu affirmer une pareille chose ? Il n'a pas lu ma Pièce ; & la preuve qu'il ne l'a pas lue ; c'est que ma Pièce n'est pas la Tragédie de M. Sedaine.

Cependant à cette imputation comment ai-je répondu ? en homme sûr de son innocence. J'ai été trouver M. Sedaine, & lui ai donné communication de mon manuscrit, avant même qu'il ne la demandât. Je le lui ai laissé 24 heures, & il l'a si bien épluché, qu'il a marqué avec un trait de crayon, *jusqu'à des mots isolés*, qui se trouvoient, *par hazard*, dans sa Pièce & dans la mienne. Malgré ce très-sévère examen, M. Sedaine lui-même n'a pas pu dire que j'avois pris sa Pièce. Et par ma conduite, il avoit bien dû d'abord le présumer. Car, si j'avois eu la première impudence de lui faire le larcin de son Ouvrage, certainement je n'aurois pas eu la seconde de lui communiquer effrontément le mien. De ma part, c'eût été porter la démence jusqu'au dernier période, de présumer qu'un Auteur, comme M. Sedaine, ne reconnoîtroit pas sa production.

Aussi toutes ses observations ont porté sur le titre de *Paris sauvé*. Pour le conserver je pouvois alléguer que le titre de *Louis XII* & de *Henri IV* sont sur les affiches de tous les Spectacles ; que le nom d'*Epiménide* est à la fois fur celles *du Théâtre de la Nation*, & *du Théâtre de Monſieur*; enfin, que de tout tems il fut permis de traiter le même ſujet, pluſieurs fois, & ſous le même titre, tel que *Sémiramis, Médée, Coriolan, Régulus, &c.* Mais j'ai cédé à M. Sedaine, & lui ai offert d'intituler ma Pièce *la Conſpiration manquée*.

J'ai pouſſé plus loin le ſcrupule. J'ai même ôté de ma Pièce quelques tournures oratoires, très-différentes d'expreſſions, mais *qu'il jugeoit* conformes par le ſens. Je me ſuis exécuté avec un ſévérité que M. Sedaine lui-même n'avoit point exigée. Il a relu encore une fois mon manuſcrit, me l'a rendu le 2 Février, & il ne m'a point encore dit que c'étoit ſa Tragédie.

Il eſt vrai qu'il s'eſt bien étendu ſur le tort que je ferois à ſon Ouvrage s'il n'étoit joué que le ſecond; que, dans ce cas, les Comédiens ne voudroient peut-être plus le jouer; qu'ils interviendroient même, pour empêcher la repréſentation du mien. A toutes ces raiſons, je fis des réponſes qui déterminèrent enfin M. Sedaine à me dire, en préſence d'un de ſes amis, qui étoit dans ſon cabinet, *que ſi M. Suard vouloit me rendre ma Pièce*, (il étoit bien ſûr que M. Suard ne le voudroit pas,) *il ne s'y oppoſoit plus.* Ainſi la volonté de M. Suard devenoit un Arrêt arbitraire par lequel je devois être immolé. Je demandai cette réponſe par écrit, M. Sedaine répliqua *qu'il verroit M. Suard le lendemain à l'Académie, & qu'il le lui diroit.*

Plein de confiance dans cette parole, je me retirai : mais auparavant, en préſence même de M. Sedaine, ſon ami me demanda ce que cet ouvrage me vaudroit, il ajouta que ſi je voulois conſentir à attendre que la Tragédie de M. Sedaine, fût jouée, *il ne ſeroit pas impoſſible que l'on me dédommageât de cette complaiſance ;* & tout en reconduiſant cet ami de M. Sedaine, depuis le périſtile de la rue du Coq, juſqu'à celui de la Colonnade, il me répéta les mêmes diſcours, & me preſſa vivement d'engager les Directeurs à agréer ce délai, *qui n'étoit qu'un petit délai de trois mois.*

Le jeudi 4 février, j'allai deux fois chez M. Suard, chercher ma Pièce cenſurée ; *M. Suard étoit ſorti ;* le vendredi 5, j'y retournai, *M. Suard étoit couché :* & je fus obligé d'attendre ſon lever, une heure, dans la rue, de peur qu'il ne m'échappât ; enfin, après cette groſſe heure de faction, à dix heures du matin il fait jour chez

M. Suard; je monte, & il me dit que M. Sedaine a retiré sa parole, & qu'il ne censurera pas ma pièce : l'unique raison que j'aie pu en tirer, c'est *que j'ai eu le malheur de traiter le même sujet que M. Sedaine; qu'il doit être joué à la Comédie Françoise, & moi à l'Ambigu-comique, que pour ce Théâtre on ne devroit pas traiter de pareils sujets, & qu'enfin je ne serois joué qu'après M. Sedaine.*

Il est aisé de voir que cette réponse étoit concertée entre les deux Académiciens, & que l'esprit de partialité l'a dicté. Je ne ferai pas remarquer avec trop d'amertume, combien indécemment j'ai été joué & promené. A ma confiance, à mon honnêteté on n'a répondu que par des menées secrettes, dont le but étoit d'éloigner la représentation de ma Pièce, & de m'ôter le courage de la poursuivre avec constance. Je ne m'enorgueillis pas non plus de la prétendue rivalité que M. Sedaine a bien voulu mettre entre un Académicien, & un auteur de l'Ambigu-Comique; la vérité dans mon cœur est l'antidote de l'amour-propre. Les craintes que M. Sedaine a affectées, en disant que mon ouvrage pouvoit nuire à l'effet du sien, bien loin de me flatter, ne m'ont paru qu'épigrammatiques contre un littérateur inconnu audehors d'un Théâtre, où il ne travaille que pour son plaisir & ses amis.

Mais puisque M. Sedaine a bien voulu descendre *de son fauteuil* & s'asseoir sur le *même tabouret*, c'est-à-dire traiter d'auteur à auteur; voici comment, dans un mémoire que j'ai mis sous les yeux de M. le Maire, & que je lui ai présenté, accompagné du Président & de deux Commissaires du District des PP. Nazareth, j'ai discuté ainsi le seul point auquel se réduisoit le fond de la question.

» Parce que j'ai traité le même sujet
» que M. Sedaine, a-t'il le droit de dire
» que je lui ai pris son sujet?

» A cela je réponds : l'histoire est une
» source publique où chacun a le droit
» de puiser. Les uns y boivent à plein-
» verre, comme M. Sedaine; d'autres dans
» le creux de la main, comme moi; mais
» on a beau y boire, la source ne se
» tarit pas. Les personnages de cette même
» histoire appartiennent à tout le monde;
» tout le monde, d'après le caractère
» qu'elle leur donne peut les faire agir &
» parler à sa manière. Quand le plan de
» l'ouvrage est différent, que les situations
» n'en sont pas les mêmes; que l'ordre des

» fcènes ne fe reffemble non plus que le
» ftile & les penfées, ce ne fut jamais-là
» prendre le fujet de quelqu'un. M. Sedaine
» n'a pas inventé le fien, il n'a point
» créé fes perfonnages, il les a trouvés
» dans l'hiftoire, & moi auffi ; fon intrigue
» n'eft point la même ; fes interlocuteurs
» ont d'autres intérêts qui les font mou-
» voir & difcourir ; donc, je n'ai pas pris
» fon fujet. *Il l'a puifé* dans l'hiftoire de
» France, moi de même ; j'en avois le
» droit comme lui, & tous les Ecrivains
» poffibles en ont auffi la liberté.

» Ce point ainfi établi, M. Sedaine
» a-t-il le droit d'empêcher que mon
» ouvrage, qui eft tout prêt, foit joué
» avant le fien, qui ne le fera que dans
» trois mois ?

» Je ne crois pas qu'il exifte de loi
» que M. Sedaine puiffe invoquer pour
» appuyer cette injufte prétention.

» D'abord, 1°. j'en appelle à fa parole
» même ; s'il affirme publiquement ne
» m'avoir pas dit dans fon cabinet, devant
» un de fes amis, *que fi M. Suard*
» *vouloit me rendre ma pièce, il ne s'y*
» *oppofoit plus,* je paffe condamnation ;
» mais s'il ne peut en difconvenir, comme
» en galant homme il n'en difconviendra

» pas, c'eſt donc à la ſeule mauvaiſe
» volonté de M. Suard que j'aurai l'obli-
» gation d'un délai qui me fait crueile-
» ment ſouffrir.

» Mais quel droit a M. Suard d'être
» plus rigide que M. Sedaine, que ſeul
» je dois connoître? Pourquoi prend-il
» les intérêts de ſon confrère Académicien,
» plus que ce confrère Académicien ne
» paroiſſoit l'exiger ? Pourquoi même,
» juſqu'à préſent, a-t'il retenu mon ouvrage,
» & provoqué une réclamation mal fondée,
» qu'il n'auroit pas même eu le droit
« de faire pour lui ? Cette conduite ne
» lui fera pas honneur parmi les gens de
» lettres, qui peuvent & doivent la regar-
» der comme une inquiſition littéraire,
» auſſi ennemie de la bonne-foi, que de
» la liberté d'écrire & de penſer.

» 2°. La Tragédie de M. Sedaine n'a
» point été annoncée au Public, donc
» j'ignorois ſi les obſtacles qui l'ont conſ-
» tamment écartée de la ſcène Françoiſe,
» ſont enfin levés, & ſi l'on ſe diſpoſe à
» s'en occuper ; ſi les deux ouvrages étoient
» deſtinés au même Théâtre, le premier
» reçu, devoit, ſans aucun doute, avoir
» la priorité ; mais à deux Théâtres différens
» *& ſi différens*, la place doit appartenir
» au premier occupant.

» 3°. Et c'est par où je terminois mon » Mémoire, il me sera permis sans doute » de parler un peu pour moi. Parce que » M. Sedaine & M. Suard se seroient entendus » ensemble, pour m'écarter de la petite » scène où j'allois être joué ; parce que ma » Pièce ne peut l'être qu'après que ce » dernier l'aura censurée, & qu'il aura » promis à son ami de n'en rien faire, » dois-je craindre que M. le Maire con- » sente à ce que je sois si injustement lésé ? » Non, M. le Maire est juste. Comme » Citoyen, je suis égal à M. Sedaine ; » comme auteur, mes droits sont aussi » sacrés que les siens. Je ne lui ai rien » pris ; il m'a promis de se départir d'une » réclamation, que M. Suard seul lui a » fait faire, sur un rapport calomnieux, & » à laquelle, sans lui, il n'eût peut-être » jamais songé. Je reclame donc mon » droit & la parole de M. Sedaine ; & » j'espère que M. le Maire me permettra » de faire représenter, sans délai, ma Pièce » qui est toute prête, & qui n'est point » la Tragédie de M. Sedaine. »

Ce Mémoire a eu l'effet que j'avois droit d'en attendre. M. Dufour, Secrétaire de la Mairie, l'a examiné ; a pris communication de mon manuscrit avec la plus grande

célérité; n'y a rien trouvé qui eût rapport
à la Tragédie de M. Sedaine; & son suffrage
a déterminé la permission dont M. le Maire
l'a revêtu sur le champ.

. Je devois ce détail au Public, pour le
remercier de l'intérêt dont il m'a honoré,
& des applaudissemens dont il a bien voulu
récompenser les efforts que j'ai faits pour
lui plaire dans ce dernier ouvrage; mais
je dois lui dire aussi que le jour de la
représentation, *qu'il a exigée,* s'il eût voulu
me permettre d'aller à l'Hôtel de la Mairie,
comme je l'en priois, pendant qu'on auroit
joué les deux premières Pièces; j'aurois trouvé
mon ouvrage tout censuré; & que l'ap-
probation de M. le Maire, avoit prévenu
le vœu du Public. Ainsi cette représentation
eût été à l'abri de tout reproche; & j'aurois
pleinement joui d'un succès qui ne me
paroît point trop chèrement acheté, puisque
j'ai pu encore une fois témoigner au Public
ma reconnoissance de toutes les bontés
qu'il me prodigue depuis long tems.

Avant de finir, il me reste encore un
avertissement à donner à ceux qui auroient
besoin de faire censurer quelqu'ouvrage.
O mes confrères! profitez de ce qui m'est
arrivé, pour vous épargner les angoisses,
les tracasseries, les inquiétudes que j'ai

éprouvées. Ne portez plus vos ouvrages à la censure de M. Suard ; de deux chofes, l'une : ou il vous fera faire courfes fur courfes, pendant lefquelles vous parlerez moins fouvent au Maître qu'au Portier ; mais ce n'eft point un mal, parce que d'après le ton de l'un & de l'autre, le Portier mériteroit d'occuper la chambre du Maître ; ou bien, fur le titre d'une Pièce, il la croira d'un de fes confrères Académiciens, il les ira folliciter lui-même à faire des réclamations, voudra vous écrafer fous le joug de l'Ariftocratie littéraire, & s'il ne trouve perfonne par qui il puiffe faire faire ces réclamations, il lardera votre Pièce d'obfervations, qui, fi elles étoient fuivies, vous priveroient du fruit de vos travaux & de vos veilles. A ce dernier trait, on doit être convaincu que les ouvrages d'efprit ont beaucoup moins couté à M. Suard, qu'ils ne lui ont valu ; parce qu'un Littérateur qui connoît la difficulté de fon art, a beaucoup plus de refpect pour les Artiftes.

F I N.

PARIS

PARIS SAUVÉ,

OU

LA CONSPIRATION MANQUÉE,

DRAME NATIONAL.

ACTE PREMIER.

(Le Théâtre repréfente la grande Salle de l'Hôtel-de-Ville. Un Trône eft deftiné au Dauphin qui doit y venir tenir un Lit de Juftice. Autour, & des deux côtés du Trône , font rangés des Tabourets deftinés aux perfonnes en place de la Cour).

SCENE PREMIERE.

MARCEL, ROBERT.

ROBERT.

Arrêtons-nous ici, Marcel. A peine les premiers rayons du jour éclairent l'horifon , nous feuls

A

peut être fommes éveillés dans Paris.... Le filence
& le lieu font favorables à notre entretien.

MARCEL.

J'en conviens avec vous, Robert.

ROBERT.

C'eft donc aujourd'hui que le Dauphin vient
à l'Hôtel-de-Ville ?

MARCEL.

Oui : Maillard lui-même prit foin de me l'apprendre hier.

ROBERT.

C'eft donc aujourd'hui que ce même Maillard
va s'élever fur les débris des honneurs de Marcel;
que ce premier Echevin infolent & farouche va
remplir les fonctions de Marcel, Prévôt des Marchands ; & ajouter à fa gloire & à votre honte,
en demandant pour vous un pardon que vous
l'avez vous-même prié d'implorer.

MARCEL.

Un pardon ! je n'en ai pas befoin.

ROBERT.

Et pourquoi donc le charger de faire votre paix
avec le Dauphin ?

MARCEL.

Pour les tromper tous deux. Depuis la funefte
Bataille de Poitiers, qui coûta la liberté à notre
Roi ; où une armée Françoife de quatre-vingt-mille
hommes, fut vaincue par huit mille Anglois con-
duits par le Prince de Galle , par le héros qu'im-
mortalifa la journée de Crécy, le Dauphin, en l'abfence de fon père, s'eft emparé des rênes du
Gouvernement.

ROBERT.

Je le fais ; mais c'eſt un Prince ſans énergie , ſans vigueur....

MARCEL.

Vous le connoiſſez mal. Nous n'avons point de meilleur Juge qu'un Ennemi ; je ſuis le ſien , & croyez que ce que vous nommez en lui timidité , foibleſſe , n'eſt au contraire que ſageſſe & prudence ; il prépare de beaux jours à la France , & il ſera ſurnommé le ſage par ſes peuples qu'il aura rendus heureux.

ROBERT.

Et Maillard , quel intérêt avez-vous à le ménager ?

MARCEL.

Celui de ne pas heurter de front l'opinion publique qui parle hautement en ſa faveur. Les États-Généraux , aſſemblés par le Dauphin , l'ont élu pour chef. De ce poſte d'honneur , il a été appellé unanimement à ma place de Prévôt des Marchands que ma diſgrace a rendue vacante. Inflexible & rigide , mais juſte ; ſenſible , humain , mais ferme ; l'eſtime qu'il me temoignera me rendra la confiance des Pariſiens , relévera l'eſpoir de nos conjurés , & fera le ſuccès de notre entrepriſe.

ROBERT.

Ainſi donc ta conduite qui déjà nous allarmoit !..

MARCEL.

C'eſt le chef-d'œuvre de l'artifice & de la politique. Le Dauphin eſt vertueux , Maillard un honnête homme ; ils tomberont dans le piége que je leur prépare & qu'ils auront eu la grandeur d'ame de ne point ſoupçonner ; voilà , mon ami , voilà comment un conspirateur habile doit mettre à profit les vertus de ceux qu'il veut renverser.

ROBERT.

Je vous reconnois, Marcel, & désormais je suis tranquille. Mais, dites-moi, pourquoi ce long silence du Roi de Navarre ? Ponrquoi même a-t-il fui de la Cour avant la prison du Roi ?

MARCEL.

Eh quoi! vous l'ignorez quand tout Paris en frémit encore ? Charles d'Evreux que ses crimes ont fait surnommer *Le Mauvais*, au milieu des fêtes de son mariage qui le rendoit le gendre de notre Roi, & jaloux du Connétable Charles d'Espagne, l'a fait lâchement assassiner, & publiquement n'a pas rougi de s'en vanter. Pour éviter le châtiment dû à cet odieux attentat, il s'est retiré à Avignon, d'où ce n'est qu'avec prudence qu'il m'envoie de ses nouvelles.

ROBERT.

Et c'est sur la tête du Roi de Navarre que vous voulez faire tomber la couronne des François?

MARCEL.

M'en préserve le Ciel! Si un bon Roi est un présent de sa bonté, Charles-le-Mauvais est bien un Roi qu'il a créé dans sa colère. Vous pensez comme moi, Robert, mais gardons-nous bien d'en convenir devant nos amis. Faisons du Roi de Navarre le vengeur de nos haines particulières ; & quand nous serons satisfaits, nous pourrons, soit par le retour du Roi, soit en couronnant son fils, briser sans peine l'instrument odieux que nous aurons employé. Voilà l'usage qu'il faut faire d'un méchant : voilà la recompense que d'autres méchans eux-mê-

mes doivent réferver à fes fervices!Mais qu'entends-
je?.. On s'approche à pas mesurés... Aurions-nous
été écoutés?.. Serions-nous trahis?.. Que vois-je ?
A Paris, dans la Grande Salle de l'Hôtel-de-Ville,
le Roi de Navarre !

SCENE II.

LES PRÉCÉDENS, LE ROI DE NAVARRE.

LE ROI DE NAVARRE.

LUI-MÊME! Prévôt des Marchands, je viens
de votre maison : on m'a dit que vous aviez pris le
chemin de l'Hôtel-de-Ville, & je vous y ai fuivi.

MARCEL.

Quoi! Seigneur, vous n'avez pas craint ?...

LE ROI DE NAVARRE.

Au jour naissant, & sous l'habit d'un simple
Navarrois, qui pouvoit me reconnoître ? Hier, à
l'entrée de la nuit, je suis arrivé dans Paris; mon tra-
vestissement a trompé tous les yeux, & je me fis à
ma fortune; trop long-tems éloigné de vous, brûl-
lant de vous voir, de vous parler, de vous témoigner toute ma reconnoissance, j'accours & je brave
tous les dangers. Eh bien ! Marcel, mon ami, votre projet, l'espérance que vous m'avez donnée de
me livrer Paris, à quel point faut-il que j'y compte ?
Votre parti, qui est le nôtre, est-il nombreux ? Sont-
ils braves, intrépides, prêts à tout tenter, & à

mériter mon estime & les bienfaits que mes mains libérales s'apprêtent à répandre sur eux ?

MARCEL.

Après moi, vous voyez leur chef, le plus zélé de vos amis.

LE ROI DE NAVARRE.

C'est le brave Robert ! Depuis longtems je le connois ; & il avoit déjà mon estime, avant que j'eusse besoin du secours de son bras.

ROBERT.

Avoir été distingué du Roi de Navarre, c'est un honneur !..

LE ROI DE NAVARRE.

Que l'amitié nous unisse, les honneurs auront leur tour. Je n'aurai qu'à me louer de vous, & personne n'aura à se plaindre de moi.

MARCEL.

Ce sont les discours dont j'enflamme la valeur de vos amis, & aujourd'hui même vous en verrez l'effet.

LE ROI DE NAVARRE.

Aujourd'hui ?

MARCEL.

Oui, Seigneur, tout est résolu, tout est prêt ! Aujourd'hui même, à minuit sonnant, je vous livre la porte Saint-Antoine.

LE ROI DE NAVARRE.

Et Maillard ?

MARCEL.

Sera trompé. Il est de garde à la porte Saint-Jacques, & vous serez maître de Paris, avant que le bruit de votre arrivée soit seulement parvenu jusqu'à lui.

LE ROI DE NAVARRE.

Comment ! Par quels moyens ?

MARCEL.

Seigneur, c'est mon secret !

LE ROI DE NAVARRE.

Mais, dans la défiance que notre intimité a fait naître sur votre compte, comment pourrez-vous disposer de ce poste important ?

MARCEL.

Seigneur, laissez-moi le choix des moyens, & contentez-vous du succès dont je vous réponds. Revenez-vous bien accompagné ?

LE ROI DE NAVARRE.

Six mille Navarrois déterminés & que j'ai dispersés par troupes, sont arrivés hier, pendant la nuit. Cachés dans l'obscurité d'une forêt voisine, ils n'attendent que le signal & ma présence.

MARCEL.

Il suffit. Cette Armée, jointe aux nombreux partisans que je vous ai gagnés dans Paris, ne peut manquer de vous assurer une réussite entière.

LE ROI DE NAVARRE.

Mais encore, achevez de m'instruire; le moindre contretems peut renverser les mesures les mieux concertées.

MARCEL.

Vous le voulez absolument, Seigneur ?

LE ROI DE NAVARRE.

Oui : tranquille sur ce point, j'agirai plus librement & sans crainte.

MARCEL.

Le jour commence à devenir plus brillant ; quelqu'un pourroit venir ; Robert, observez de votre côté, moi du mien, & prenez garde de nous laisser surprendre.

SCENE III.

LE ROI DE NAVARRE, *seul.*

VOILA deux traîtres bien dangereux ! Après le succès, ils seront mes premières victimes. François, ils sont parjures envers leur Roi, envers le fils de leur Maître ; pourquoi me seroient-ils plus fidèles ? La mort ! voilà la reconnoissance que je leur dois : je profiterai de la perfidie, c'est mon intérêt ; mais je ferai verser le sang des perfides, & ce sera justice.

SCENE IV.

LE ROI DE NAVARRE. MARCEL.

MARCEL.

PERSONNE ne vient ; le silence le plus profond règne encore dans l'Hôtel-de-Ville, & nous pou-vons parler sans danger.

LE ROI DE NAVARRE.

Je vous écoute : mais pourquoi cet appareil que le jour naissant me fait appercevoir ? Ce Trône, ces Trophées ?..

MARCEL.

Sont préparés pour le Dauphin. Il vient ici, ce matin, tenir un Lit de Justice en l'absence du Roi.

LE ROI DE NAVARRE.

A quel sujet ?

MARCEL.

C'est l'ouvrage de Maillard. Aux tems de troubles si favorables à nos projets, Maillard a fait succéder des jours de concorde & de paix. Le calme est rétabli ; les Etats-Généraux travaillent librement & sans relâche au bonheur du Peuple, à la restauration de la France. On ne voit plus porter dans Paris de ces chaperons qui étoient la marque à laquelle nous pouvions nous reconnoître : enfin c'est pour faire renaître par-tout la confiance dans ses promesses, que le Dauphin vient à l'Hôtel de-Ville apporter des paroles de clémence & de paix, & prononcer une amnistie générale. Maillard fait plus ; il me fait moi-même aujourd'hui rentrer en grace avec le Dauphin ; mais entre un Maître offensé, & un Citoyen qui brûle de tous les feux de la vengeance, il n'est point de Traité, je le sens. Charles prononcera le mot de *pardon*, son cœur en sera loin ; je fléchirai les genoux devant lui, c'est une humiliation que j'aurai de plus à venger ; en un mot, ce sera une réconciliation où nous mettrons tous deux l'apparence de la bonne-foi, mais dont personne ne sera la dupe.

SCENE V.

LES PRÉCÉDENTS, ROBERT.

ROBERT,

SEIGNEUR, il est tems de vous éloigner, Maillard vient, & déjà il monte le perron de l'Hôtel-de-Ville.

MARCEL.

Robert, je vous confie la personne du Roi de Navarre. A travers les détours du sombre corridor qui touche à cette salle, faites-le sortir sans bruit, & conduisez le à mon Hôtel. J'irai bientôt vous y réjoindre, Seigneur, & vous détailler tout ce que j'ai fait pour vous. (*ils sortent*).

SCENE VI.

MAILLARD, MARCEL.

MARCEL.

IL étoit tems, voilà Maillard.

MAILLARD.

Quel est ce Navarrois qui sort si mystérieusement d'avec vous, Marcel ?

MARCEL, *d'un ton gêné.*

C'est un homme avec lequel j'avois quelques

affaires à terminer ; il n'a plus qu'aujourd'hui à
rester , & comme je suis sorti de bonne heure
pour venir vous attendre ici , on me l'a envoyé ,
& il repart.

MAILLARD.

C'est que tout Navarrois m'est suspect.

MARCEL.

Parlant avec moi ?

MAILLARD.

Ne peut-il pas vous tromper ?

MARCEL.

Ne le craignez plus ; mes yeux se sont ouverts ;
j'ai vu le précipice où j'allois tomber , & ce fu-
neste souvenir suffit pour me défendre de nouvelles
erreurs.

MAILLARD.

J'aime à vous croire.

MARCEL.

Auriez-vous quelques soupçons ; je vais rap-
peller cet Etranger , vous le verrez , vous l'in-
terrogerez-vous-même.

MAILLARD.

Je m'en rapporte à vous. Soupçonner un crime,
est un suplice trop cruel pour une âme honnête.

MARCEL.

A cette délicatesse je reconnois Maillard , mon
protecteur....

MAILLARD.

Que parles-tu de protecteur ? ce mot est une of-
ense ! le nom d'ami, voilà celui que j'accepte. Mais
Marcel , dis-moi bien sincèrement que tu es mon
ami ; dis-moi que je tiens la main d'un Prévôt
des Marchands fidèle à son Roi , à sa Patrie , tel

que tu fus toujours avant ces jours de deuil, de
révolte & de carnage. Dis-moi que cette main
ne s'armera plus que du glaive de la justice, au-
lieu du poignard de la trahison ; enfin dis-moi
que tu es pour jamais l'homme que mon cœur
se fait un plaisir & un besoin d'aimer.

MARCEL.

Oui, Maillard, je le suis, & je jure....

MAILLARD.

Ne jure pas, Marcel ! laisse les sermens à ceux
qui veulent tromper ! donne ta parole à ton ami,
& Maillard n'a plus d'allarmes.

MARCEL.

Je te la donne.

MAILLARD.

Tu viens de me délivrer d'un pesant fardeau.
Tiens, Marcel, puisque nos cœurs sont désor-
mais ouverts l'un pour l'autre ; lis dans le mien.
Je suis né confiant.

MARCEL.

Je le sais : celui qui se défie de tout, est sou-
vent un homme dont il faut toujours se défier.

MAILLARD.

Mais dans ces tems de troubles & d'allarmes,
où mille partis cachés se divisent, se croisent
& ne se rejoignent que pour menacer la Patrie,
trop de confiance dans ma place seroit un crime,
si le peuple en devenoit la victime. Dans les États-
Généraux à Paris rassemblés, le Tiers-État, autre-
fois esclave, est devenu l'égal de la Noblesse & du
Clergé. J'aime à croire leur réunion sincère ;
mais elle peut ne pas l'être. Les François en
devenant libres sont devenus Citoyens ; mais l'on

a exigé de grands facrifices , & ces facrifices
peuvent laiffer des regrets , des regrets on peut
paffer au murmure, & du murmure à la révolte
il n'eft fouvent qu'un pas. Les feux de la fédition
font par tout éteints, mais la cendre fume encore;
uniffons-nous, Marcel , pour en étouffer fous nos
pieds la dernière étincelle ; & qu'en te voyant
la France puiffe dire : *Voilà Marcel ! il s'égara
un moment ; mais c'eft à fon repentir que les François doivent leur bonheur & la liberté.*

M A R C E L.

Ton patriotifme paffe dans mon âme , &
l'échauffe d'un nouvelle ardeur.

M A I L L A R D.

Courage , Marcel ! Voici le moment de dé-
ployer le génie dont le ciel t'a doué pour la félicité de ton pays! on t'a deffervi auprès du Dauphin, les circonftances t'ont entraîné , On m'a
revêtu de ta place, mais fois tranquille ;!e Dauphin va venir, il m'honore de fa confiance , je
parlerai, il te rendra la fienne, tu rentreras dans
tes honneurs, tu reprendras les rênes de l'Adminiftration qui ne durent jamais fortir de tes mains;
& mon triomphe fera de voir que mon ami lui
feul eft meilleur Citoyen que Maillard.

M A R C E L.

Je ferai tout pour t'imiter, & ma gloire fera ton
ouvrage.

M A I L L A R D.

Mais tu ne croirois pas un rapport qui m'a
été fait , & qu'il ne faut pas négliger.

M A R C E L.

Quel eft-il ? parle.

MAILLARD.

C'eſt qu'hier, avec la nuit, le Roi de Navarre
eſt entré dans Paris, ſans ſuite, ſans pompe &
vêtu comme un ſimple Navarrois. On parle de
Soldats arrivés par diverſes routes, par pelotons
& cachés dans les environs de Paris. Ce bruit
peut être infidèle ; mais peut-être il eſt vrai. Que
me conſeilles-tu ?

MARCEL.

De le vérifier avec ſoin. Cependant ſi tu m'en
crois, tu n'allarmeras perſonne. Les ſoins de ta
place vont t'occuper ; pendant que tu vas recevoir
& accompagner le Dauphin, je me charge de
remonter à la ſource de ce récit, & s'il mérite
quelque croyance, nous prendrons enſemble
toutes les meſures néceſſaires pour rendre inutile
ce complot.

MAILLARD.

Je me fie à toi ! Que peuvent maintenant nos
ennemis ſecrets, j'ai rendu Marcel à la France.

SCÉNE VII.

Les Précédens, GABRIELLE, RICHARD.

GABRIELLE, *qui a entendu les dernières paroles*
de Maillard.

AH ! mon père, quel bonheur ! Voilà le plus
beau, le plus doux des jours de votre fille !

RICHARD.

Ah! Marcel! que je vais être fier du nom de votre gendre!

MAILLARD.

Vois, mon ami, combien d'heureux tu fais en un moment! N'est-ce pas la plus doce récompense qu'un bon Citoyen puisse retirer d'avoir fait son devoir!

MARCEL.

Oui, Maillard, oui, je le sens, & j'en conviens.

MAILLARD.

Eh bien, écoute : tant que tu fus dans les sentiers de l'erreur, je fis taire dans le cœur de Richard, de mon unique fils, la tendresse qui l'entraînoit vers la charmante Gabrielle ; maintenant, pour prouver que la France peut compter sur l'ami de Maillard, unissons nos enfans. Ce mariage, auquel j'aurai consenti, sera le garant de ton retour à la vertu & le signal de la confiance & du bonheur pour tous les amis de la Patrie.

RICHARD.

Quelle délicieuse & noble idée! Ah! mon père! que de reconoissance! Marcel quand daignerez-vous me nommer votre fils & l'époux de l'objet vertueux que j'adore!

MARCEL.

Eh bien! demain! je vous en donne ma parole.

GABRIELLE.

Ah! mon cher Richard, il m'est donc permis de vous dire en présence de nos pères combien ce mariage va me rendre heureuse!

RICHARD.

Je vous l'avoue ; vivre séparé de ma Gabrielle étoit un supplice pour moi ; mais savoir votre père à la tête de nos ennemis, voilà ce qui déchiroit mon âme ; & le moyen de doubler mon bonheur étoit de recevoir votre main d'un vrai Citoyen, d'un bon François !

MAILLARD.

L'entens-tu Marcel ? voilà comme tous nos enfans pensent ! Quelle honte ! s'ils valoient mieux que leurs pères ! Mais qu'entens-je ? Richard, va voir.

RICHARD.

C'est le Dauphin qui arrive ; digne fils de nos Rois, il vient à l'Hôtel de ville, sans gardes : ce sont les corps & les cœurs d'un peuple immense de François qui lui servent de rempart & de défense.

MAILLARD.

Restez-là ; je cours le recevoir.

SCENE VIII.

LES PRÉCÉDENS , ROBERT. *Il entre brusquement & parle à Marcel dans le fond du Théâtre.*

RICHARD *voyant Robert.*

Ne vois-je pas Robert, mon rival & l'ami de ton père ?

GABRIELLE.

Rassure-toi, Richard, il ne fut jamais un moment dangereux pour toi.

RICHARD.

RICHARD,

Vois avec quelle émotion il lui parle ! la colère brille dans ses yeux ! mais il perd l'espérance de t'obtenir, & d'après ce que cette crainte m'a fait souffrir, je sens combien il doit être à plaindre.

ROBERT, à *Marcel*.

En un mot j'ai exécuté tous vos ordres.

MARCEL.

Il suffit ; maintenant je suis tranquille.

ROBERT.

Le Dauphin entre.

MARCEL.

Richard, reste à côté de ma fille. Toi, Robert, viens près de moi.

SCÈNE IX.

LES PRÉCÉDENS, LE DAUPHIN.

(*Marche sur laquelle le Dauphin paroît. Les Gardes de l'Hôtel - de - Ville bordent les deux côtés de la Salle*).

LE DAUPHIN *sur son Trône.*

CITOYENS & François, vous connoissez, comme moi, les maux de l'État ; c'est à votre prudence à en trouver les remèdes, & à votre zèle à les employer promptement. Mon père, fait prisonnier dans les champs de Poitiers, vous parle par la bouche de l'héritier de son Trône. Edouard,

B

Prince magnanime , fait les plus généreux efforts pour lui faire oublier les chaînes dont ses mains font chargées ; c'eft à vous feuls de les brifer ; mais il n'y a pas un moment à perdre. Je ne rappellerai point les malheurs qu'a fait pleuvoir fur la France l'abfence de fon Roi. Nos calamités viennent des circonftances , & non du cœur des François. Mais puifque l'efprit de concorde & de foumiffion aux Loix eft rentré & germe de jour en jour dans toutes les ames, la fertilité va renaître dans les Campagnes, la tranquilité dans les Villes , la fûreté dans le Royaume , la facilité dans le commerce, & l'abondance , fille de la paix, va répandre fur nous tous fes tréfors. Tirons donc un rideau fur le paffé ; je confens à oublier ces jours ténébreux , où féduits par un efprit de vertige , qui tient encore à de vieilles erreurs, des François ont pu oublier un moment la gloire de leur nom; qu'ils reftent enfevelis dans une ombre éternelle ! Amniftie générale ! Au nom de mon père je fais grâce , & ne crains pas que le Dauphin foit défapprouvé par le Roi.

M A I L L A R D.

C'eft la clémence qui rend les Monarques l'image de la Divinité ; ô mon Prince , puifque c'en eft aujourd'hui le jour , daignez permettre que je l'implore le premier pour le François qui en eft le plus digne. Il s'égara fans-doute, mais il fe repent. Ses lumières, la fageffe de fon adminiftration vous font connues , fon amour pour le bien public a paru dans les fortifications qu'il a fait conftruire pour la fûreté de Paris. Cet Hôtel de Ville même, où nous avons l'honneur de vous

recevoir, fut acquis & donné à la Ville par lui-
même. Par les services qu'il a rendus, mon
Prince, on doit juger de ceux qu'il peut rendre
encore. En un mot, je croirai n'avoir plus rien à
craindre pour la France & pour votre auguste personne, si je peux aujourd'hui vous rendre Marcel.

LE DAUPHIN.

Au portrait que vous en avez fait, Maillard,
je l'ai soudain reconnu; je nai rien à vous refuser. Venez, approchez, Marcel. Dans cet embras-
sement, je vous rends mon estime & ma confiance, & quoique Maillard soit pour moi votre
plus sûr garant, j'aime mieux vous devoir à
vous-même qu'à ses prières.

MARCEL.

Je n'oublierai jamais ce discours de mon Prince,
ni la reconnoissance que je dois à Maillard.

MAILLARD.

Eh bien, puisque la grace est prononcée,
souffrez, mon Prince, que je rende à mon ami
sa place & ses honneurs.

LE DAUPHIN.

J'y consens avec plaisir.

MAILLARD.

Viens, Marcel! reprends ton rang! je ne m'y
étais assis que pour te le conserver pur & sans
tache. A la fin je jouis! j'ai reconquis un grand
homme à la France & à mon Roi! Jusqu'à présent j'ai cru pouvoir le disputer à tout François
en patriotisme; mais je me consolerai d'être
vaincu, si je le suis par mon ami.

LE DAUPHIN.

Que ce moment est doux pour mon cœur!

ce moment où je vois deux François s'unir pour devenir les deux plus fermes colonnes du Trône de leur Souverain ! Si mon père en étoit témoin, il oublieroit ses fers & sa captivité. Et quel Roi ne chériroit pas un malheur qui lui fait trouver deux amis ! François ! je bénis ce jour ; mais écoutez : vainement les États-Généraux travailleront pour vous, si vous détruisez leur ouvrage. La Nation assemblée vous dicte ses oracles : je n'ai pu en la rassemblant faire évanouir cette distinction d'ordres & de rangs, qui occupant les individus de leurs prétentions respectives, leur fait oublier l'intérêt général ; mais le zèle du bien public domine dans l'Assemblée & cela me suffit. Un jour viendra, peut-être, où les François plus éclairés connoîtront les droits de l'homme & leurs limites, & jouiront d'une sage liberté qui ne dégénérera point en licence. Alors, sans-doute, on verra sur le Trône un Roi-Citoyen, plus jaloux du bonheur de ses peuples que d'une autorité despotique, ne rien épargner pour mériter le titre de *père des François, & Roi d'un peuple libre.* C'est alors que la Nation assemblée devroit renouveller la cérémonie auguste de l'inauguration de ses Rois. Cérémonie mille fois plus touchante encore ! Pharamond & ses successeurs n'ont été jusqu'à ce jour que des Rois de France ; mais ce Monarque heureux, élevé sur un parvis nouveau, serait inauguré premier Roi des François !

MAILLARD.

Cet augure flatteur, mon Prince, devroit vous mériter cette gloire immortelle.

LE DAUPHIN.

Je la vois dans l'avenir, & mon cœur vraiment
François en jouit d'avance. Mais je suis attendu
aux États. Citoyens, je ne vous quitte à l'Hôtel
de Ville, que pour vous retrouver à l'Assemblée
de vos Représentans. (*Il sort dans le même ordre
qu'il est venu.*)

SCENE X.

MARCEL, ROBERT, *restés seuls.*

ROBERT.

VOILA maintenant Marcel rentré en grâce !
Il doit son pardon à Maillard ! nous n'avons plus
désormais qu'à tomber à ses genoux & lui demander la vie.

MARCEL.

Que tu me connois mal, si tu crois que cette
réconciliation ait changé mon cœur. Je hais Maillard, je crains le Dauphin; & je suis tout entier
au Roi de Navarre.

ROBERT.

Vous haïssez Maillard, & son fils épouse votre
fille ?

MARCEL.

J'ai dû tout promettre pour ne rien tenir. Maillard affecte de me nommer son ami pour m'enchaî-
ner à son char; mais je saurai me choisir moi-même
les fers que je voudrai porter. Je n'eus besoin de

perſonne pour venger les Seigneurs que le Roi fit
égorger à Rouen au milieu d'un feſtin, par la
mort des Maréchaux de Champagne & de Nor-
mandie ; je n'aurai beſoin de perſonne encore pour
me fouſtraire à tel joug que ce ſoit, quand je le
trouverai trop peſant à porter.

ROBERT.

Ainſi Marcel eſt toujours notre chef!

MARCEL.

Un doute plus long ſeroit un outrage ; mais le
moment preſſe. Le Roi de Navarre m'attend ; raſ-
ſemble nos amis & conduis-les chez moi, c'eſt là
que nous prendrons nos dernières meſures pour
aſſurer le ſuccès de nos projets & de notre vengeance.

Fin du premier Acte.

ACTE II.

(Le Théâtre repréfente un Appartement de l'Hôtel du Prévôt des Marchands. De chaque côté, eft une porte qui conduit à deux Appartemens).

SCÈNE PREMIÈRE.

GABRIELLE, RICHARD.

RICHARD.

ENFIN nous touchons au moment du bonheur ! Charmante Gabrielle, vous l'avez vu, vous venez de l'entendre. Nos pères font réunis; le vôtre eft rentré en grace, & j'ai fa parole pour demain; Demain ! combien cette journée va me paroître ennuyeufe & longue ! Mais quel fombre nuage eft répandu fur-tous vos traits ; une inquiétude vive & fecrète a chaffé loin de vous cette joie pure & flateufe que vous avait infpirée la promeffe de votre père & qui étoit pour moi l'aurore du bonheur !... Notre union cefferoit-elle d'en être un pour vous ?.... Parlez, je ferois malheureux fi vous n'étiez pas heureufe.

GABRIELLE.

Je vous aime, Richard ; cet aveu répond à toutes vos craintes, & mes allarmes même en

font la plus forte preuve ; mais tout-à-l'heure à
l'Hôtel de Ville , quand Maillard parloit pour mon
père , quand le Dauphin touché de sa soumission
le serroit dans ses bras , avez-vous remarqué son
air contraint & embarrassé ?

RICHARD.

Non , dans cet auguste moment je n'ai vu que
l'avant coureur de notre mariage , & l'amant ra-
dieux a fait disparoître le prudent politique.

GABRIELLE.

Eh bien , si la crainte de ne pas obtenir   ue
l'on aime est une preuve d'amour ; si cette cr. nte
ne peut cesser qu'après que les sermens sacrés
ont été prononcés , j'aime mieux que vous,
Richard.

RICHARD.

Cela n'est pas possible.

GABRIELLE.

Tant mieux pour moi ! J'oserai dire plus ; tant
mieux pour vous ! Mais étonnée du prompt chan-
gement de mon père , je l'ai soigneusement ob-
servé ! l'affectation complaisantequ'il a mise à me
laisser près de vous pendant la séance du Dauphin , ne m'a paru qu'un prétexte d'être placé
près de Robert. Ils se taisoient tous deux , mais
quels discours pouvoient valoir leurs regards ?
Je les ai suivis , j'ai interprété leur langage ; mon
bonheur est de devenir la fille de Maillard, l'épouse
de Richard , & je tremble de voir avant peu s'é-
crouler tout l'édifice de ma félicité.

RICHARD.

Vous soupçonneriez votre père ?....

GABRIELLE.

Je suis née sa fille & Françoise en même tems. Je le respecte, je le révère ; mais la France, mais mon pays a sur mon cœur des droits pour le moins aussi sacrés que les siens ; & s'il étoit possible qu'il ne fût qu'un ennemi de la Patrie, je pleurerois mon père, & tous mes vœux seroient pour elle.

RICHARD.

Plus votre belle âme se déploye, plus mon amour s'augmente ! & je ne puis que bénir vos craintes puisqu'elles me prouvent que dans une fidèle amante, une épouse adorée, je posséderai encore le modèle des Françoises.

GABRIELLE.

Voici mon père !

SCENE II.

LES PRÉCÉDENS, MARCEL.

MARCEL.

Déja de retour, Richard?

RICHARD.

Oui, Marcel. J'ai cru que vous nous suiviez lorsque le Dauphin est sorti : & j'ai donné la main à Gabrielle, pour la remettre dans son appartement.

MARCEL.

Etes-vous arrivés depuis longtems ?

GABRIELLE.

Non mon père ; & vous êtes rentré presqu'en même tems que nous.

RICHARD.

Je n'avois eu que le tems de peindre à votre fille l'excès de mon amour, & du bonheur qui m'attend, quand vous avez paru.

MARCEL.

Et cette salle est la seule dans laquelle vous soyez entrés ?

GABRIELLE.

Oui, mon père ; mais pourquoi toutes ces questions ?

RICHARD.

Marcel, vous avez l'air inquiet, agité.

GABRIELLE.

Vous observez d'un sombre regard tout ce qui vous environne.

RICHARD.

Auriez-vous quelque nouveau sujet d'allarmes ?

MARCEL.

Tu dois me connoître, Richard, je suis au-dessus de la crainte.

RICHARD.

En effet, quelle pourroit en être la cause ? rentré dans la faveur du Dauphin....

MARCEL.

Ce n'est pas sur elle que je compte : j'ai trop fait contre la Cour pour ne lui pas être suspect ; & je sais qu'il est de ces pardons politiques que l'on n'accorde qu'en attendant le moment d'une vengeance certaine.

GABRIELLE.

Ah ! mon père j'ai lu dans les yeux du Dauphin ; c'eſt le Prince généreux qui vous a embraſſé, & non le courtiſan.

MARCEL.

J'aime à le croire auſſi ma fille. Richard, où eſt ton père à preſent ?

RICHARD.

Il a dû accompagner le Prince aux États, & delà ſe rendre à ſon poſte de la porte Saint-Jacques. Et vous, Marcel, en rentrant dans votre place de Prévôt des Marchands, quel poſte choiſiſſez-vous.

MARCEL.

Ton père a reçu des avis qui font craindre pour la porte St-Antoine, c'eſt le plus important à garder, & je me le réſerve.

RICHARD.

Daignerez-vous m'accepter pour ſecond ? Je veillerai ſur les jours du père de Gabrielle.

MARCEL.

Non, va ſeconder ton père : plus âgé, plus foible que moi, il a plus beſoin de ton ſecours. Demain nous nous reverrons, Richard.

RICHARD.

Ici, ou chez mon père ?

MARCEL.

Je te le ferai ſçavoir. Allons, pars, ſans adieu.

RICHARD.

Au revoir, ma chère Gabrielle. Je vous quitte ; mais c'eſt pour veiller à la ſûreté du ſéjour qui renferme tout ce que j'adore.

GABRIELLE.

Je ne crois pas que nous ayons quelque danger
à redouter, mais s'il en furvenoit quelqu'un, fon-
gez que je ne m'intéreffe à l'amant, à l'époux, qu'autant qu'il montrera le courage & l'ame d'un brave
homme & d'un bon François.

RICHARD.

Voilà mon oracle ! L'Amour & l'Honneur fau-
ront l'accompagner. (*Marcel reconduit Richard*).

SCÈNE III.

GABRIELLE, *feule.*

Je ne fais quel preffentiment fatal m'affiège & m'é-
pouvante ; mais, plus j'examine mon père, plus
mes craintes & mes foupçons redoublent. Obfer-
vons tout avec foin, & s'il médite encore de nou-
veaux attentats, ofons l'empêcher de réuffir; ce fera
fervir à la fois la nature, l'honneur, l'amour & la
Patrie.

SCENE IV.

GABRIELLE. MARCEL.

MARCEL *rentrant, à part.*

Je fuis fûr qu'il eft forti ; maintenant je fuis tranquille.

GABRIELLE.

Vous parlez seul, mon père.

MARCEL.

Mais toi-même, ma fille, tu me parois bien émue.

GABRIELLE.

C'est que votre air, vos regards, vos discours ne contribuent point à me rassurer.

MARCEL.

Tu as tort, je suis sans défiance & sans crainte.

GABRIELLE.

Eh bien! mon père, voulez-vous que je sois de même?

MARCEL.

Je fais tout pour cela, ma fille.

GABRIELLE.

Pardon, si j'ose vous donner un conseil; mais dans la bouche de votre fille, ce conseil devient une prière.

MARCEL.

Parle?

GABRIELLE.

Je vous prie de ne plus voir Robert; c'est un homme dangereux; lui seul vous égara. Vos erreurs sont de lui, vos vertus sont de vous.

MARCEL.

Tu le hais donc bien?

GABRIELLE.

Et comment ne le haïrois-je pas? Il a presque coûté l'honneur à mon père.

MARCEL.

Et Richard n'affoiblit pas cette haine?

GABRIELLE.

Ah! mon père, loin de nous deux cet odieux pa-
rallèle; le nom seul de Robert suffit pour souiller la
bouche la plus pure.

MARCEL.

Il suffit : tu seras satisfaite, & demain tu n'auras
plus de comparaison à faire entr'eux. Rentre : j'ai
d'importantes affaires qui demandent la plus grande
tranquillité; je ne tarderai pas à t'aller rejoindre.
(*On frappe trois coups à la porte*).

GABRIELLE.

Qui peut frapper ainsi ?

MARCEL, *à part.*

A son signal j'ai reconnu Robert. (*haut*) Voici
déjà quelqu'un, au revoir, ma fille. (*Il la reconduit
jusqu'à son appartement.*)

SCENE V.

MARCEL, *seul.*

Elle est rentrée dans son appartement; courons,
& ne nous fions qu'à nous seul du soin d'introduire
ici Robert, & de rendre la liberté au Roi de Navarre qui doit m'attendre avec la plus vive impatience.

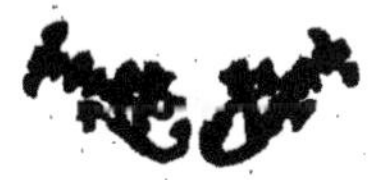

SCENE VI.

GABRIELLE *revient.*

L'INQUIÉTUDE me ramène; l'air mystérieux avec lequel on vient de frapper m'est suspect. Sachons qui ce peut être, & ce que l'on veut à mon père? Mais comment? Comment? Ce cabinet ne m'offre-t-il point un asyle sûr & commode? Enfermons-nous-y ! Puissé-je ne faire qu'une démarche inutile, & n'y rien entendre qui me force à rougir de mon père. (*Elle entre dans le Cabinet qui est à sa droite*).

SCÈNE VII.

MARCEL. ROBERT.

ROBERT.

Nous sommes seuls?

MARCEL.

Absolument !

ROBERT.

Et Richard?

MARCEL.

Est allé rejoindre son père à son poste.

ROBERT.

Ta fille?..

MARCEL.

Eſt dans ſon appartement, dans l'endroit le plus
reculé de cet Hôtel. Et nos amis, viennent-ils ?

ROBERT.

Je les ai fait reſter dans la Salle voiſine.

MARCEL.

Sont-ils en grand nombre ?

ROBERT.

Je ne t'amène que les Chefs, tous intrépides &
déterminés. Leurs Soldats diſperſés dans les différens quartiers de Paris n'attendent que ton ordre &
leur ſignal pour marcher.

MARCEL.

Fais-les entrer. Moi, je vais prévenir le Roi de
Navarre. (*Il entre dans le Cabinet à gauche*).

SCENE VIII.

ROBERT. CONJURÉS.

ROBERT.

Venez, mes amis ; vous voilà dans l'Hôtel du
Prévôt des Marchands ! Vous n'avez rien à craindre ;
vous allez paroître devant le Roi de Navarre lui-
même, apprendre de ſa bouche combien il vous
eſtime ; & quelle récompenſe il réſerve à votre
courage & à vos ſervices.

SCÈNE

SCENE IX.

LES PRÉCÉDENS, MARCEL.

MARCEL.

COMPAGNONS! voici le jour de changer à votre gré le deſtin de la France. Aſſez longtems nous avons tremblé ſous un Roi trop foible pour reſiſter aux orages, & trop fougueux pour régner avec ſageſſe. Rappellez - vous toutes ſes fureurs. A peine il montoit ſur le Trône que le ſang du Connétable *d'Eu* en arroſa les dégrès. Son crime eſt encore un myſtère, mais ſa mort eſt une terrible vérité. Rappellez-vous ce jour déſaſtreux, ce jour épouvantable dont Rouen frémit encore, où, ſur un ſimple ſoupçon & au milieu d'un feſtin dont lui-même ordonna les apprêts, il fit arrêter les Seigneurs de *Graville*, *Maubuet*, *Doublet* & ce même *Comte de Harcourt*, que *Philippe de Valois* reconquit à la France après le ſiège de Calais. Il les fait charger de chaînes, conduire à la mort, & a la barbarie d'être préſent lui-même à cet horrible ſupplice. Qu'avons-nous à attendre d'un Roi ſi féroce ? de nouvelles horreurs ſi ſa captivité pouvoit ceſſer. Du Dauphin ? des trahiſons, des perfidies ; car le foible eſt toujours trompeur : notre unique eſpoir eſt dans le Roi de Navarre. Que pourra vous refuſer un Roi qui vous devra ſa Couronne ? Eſt-il un honneur, un

bienfait auxquels vous n'ayez droit de prétendre?
Et fi le Roi revient, fi le Dauphin met une fois
le pied fur les marches du Trône, malgré fon ap-
parente douceur & fa feinte clémence, le premier acte de fonpouvoir fera d'ordonner votre
mort.

R O B E R T.
Qu'il périffe plutôt mille fois lui-même !

M A R C E L.
Nous ne faurions nous le diffimuler, nous en
avons trop fait pour éfpérer un pardon fincère,
& il ne feroit pas prudent de s'y fier. Nous fommes engagés trop avant pour reculer avec honneur,
je dis même fans danger. Ce n'eft que dans le
fuccès de notre entreprife que nous pouvons trouver l'impunité des attentats que chacun de nous
s'eft permis ; & c'eft par le plus hardi , le plus
brillant qu'il faut les couronner tous. Jurez donc
fur ce poignard que vous n'avez tous que la
même penfée & que vous formez tous les mêmes
vœux que Marcel ! jurez que vous combattrez
jufqu'au dernier foupir pour le Roi de Navarre!

R O B E R T , *étendant la main.*
Nous le jurons !

M A R C E L.
Jurez enfin que s'il 'exiftoit parmi vous quelque traître, il fera fur le champ immolé par
vos propres mains.

R O B E R T.
Il périra de ce même poignard que je réferve à
nos ennemis.

M A R C E L.
Il fuffit, je fuis content! Amis, j'ai vos fermens
& vous pouvez à votre tour compter fur Marcel.

ROBERT.

Nous vaincrons avec vous , ou nous mourrons
à vos côtés.

***

SCENE X.

Les Précédens, LE ROI DE NAVARRE. (*Il
ouvre la porte , & paroît au milieu des Conjurés* **).**

MARCEL.

VENEZ , Seigneur , venez jouir du spectacle le
plus doux ! voyez ces braves gens ! ils viennent
de s'engager pour eux & leurs amis , de verser
pour vous jusques à la dernière goutte de leur
sang ;& vous , compagnons , jouissez en ce moment du bonheur d'embrasser les premiers les
genoux du Roi de Navarre , d'un Prince qui demain sera votre maître.

ROBERT.

Que le ciel hâte l'instant ou nous pourrons
nous dire vos premiers sujets. (*Il tombe aux genoux du Roi qui le relève.*)

LE ROI DE NAVARRE.

Je ne verrai jamais en vous que mes amis.

MARCEL.

Mais , Seigneur , pardonnez un moment de défiance. Après vous , tous ces courageux Soldats
n'espèrent qu'en moi. Ils ont embrassé votre parti
parce que je l'ai embrassé moi-même; si leur espérance
étoit trahie , c'est à moi seul qu'ils auroient droit
de s'en plaindre.

C 2

LE ROI DE NAVARRE.

Parlez, Marcel, expliquez-vous.

MARCEL.

Tiendrez-vous avec fidélité toutes les promesses
que vous m'avez faites pour eux ?

LE ROI DE NAVARRE.

Je vous en donne ma parole de Roi.

MARCEL.

Et le Roi de France n'oubliera pas les sermens
du Roi de Navarre ?

LE ROI DE NAVARRE.

Jamais : dès-à-present demandez, & tout vous
sera accordé.

MARCEL.

Les honneurs, les dignités, les richesses ne me
tentent point ; vous pouvez me les prodiguer ou
en accabler un autre, je le verrai sans jalousie &
sans murmure ; mais mon cœur est dévoré de tous
les feux de la vengeance. Maillard, profitant de
sa faveur, a eu l'insolence de s'asseoir à ma place ;
par lui seul j'ai paru odieux & criminel ; lui seul
m'a exposé au supplice d'entendre le mot de pardon
frapper mon oreille. Pour prix de mes services,
je vous demande sa tête, & je suis satisfait.

LE ROI DE NAVARRE.

Eh bien, je vous l'abandonne ; qu'il soit votre
première victime.

ROBERT.

Je me fie aussi à la reconnoissance du Roi de
Navarre ; mais Marcel sait que j'adore sa fille ;
il me l'a promise. Cependant Richard, le fils de
Maillard m'est préféré, & je ne puis être heureux que par sa mort. Je vous la demande pour

ma première, & ſi vous l'exigez pour mon unique récompenſe.

LE ROI DE NAVARRE.

Robert eſt-il le gendre que vous avez choiſi?

MARCEL.

Oui, Seigneur.

LE ROI DE NAVARRE.

Eh bien, votre fille paſſera dans ſes bras, ſur
la cendre du père & du fils qui vous ſeront im-
molés. Quant à vous mes amis, braves compagnons de ma fortune, ſervez-moi bien; je ne
reſpire qu'après le moment de récompenſer digne-
ment votre courage.

MARCEL.

Je vous réponds d'eux comme de moi-même,
Seigneur! Mais il eſt tems de vous retirer; vous
ſavez en quels lieux vous avez laiſſé votre armée,
allez-vous mettre à ſa tête, & ſoyez prêt à minuit
ſonnant.

LE ROI DE NAVARRE.

A minuit! je compte ſur votre parole! Mes
amis, je vous attends; à minuit à la porte Saint-
Antoine. J'amène & je fais avancer un train for-
midable d'Artillerie; des chefs, dont je ſuis ſûr,
s'empareront des hauteurs & foudroieront la Ville.

MARCEL.

Et pour les éloigner du lieu principal de l'attaque, je ferai, par quelques amis, mettre le feu
à différens édifices publics; & pendant que le
peuple s'y portera en foule pour l'éteindre, je
vous livrerai mon poſte, & Paris ſera au Roi de
Navarre.

LE ROI DE NAVARRE.

Le plan eſt on ne peut mieux concerté, & je
vous quitte certain du ſuccès.

MARCEL.

Le Flamand, conduis ſe Prince, & ne le quitte
que quand il ſera en lieu de ſûreté.

SCÈNE XI.

LES PRÉCÉDENS.

MARCEL.

MAINTENANT diſtribuons-nous nos poſtes.
Toi Gors , tu te placeras derrière les murs du
Bourg-l'Abbé , je ferai diſtribuer des armes à
ceux qui en manquent. Toi Robert, tu demeures
près du Châtelet , à onze heures briſes-en les
portes , arme tous les brigands qu'il renferme,
& donne avec eux le ſignal du carnage. Ander-
ſon, tu feras mettre le feu aux Halles ; l'Allier,
aux Bibliothèques ; Artaud & Félix , au Palais
dés Tournelles ; & que ce ſoit à la lueur des
flames, que le Roi de Navarre faſſe ſon entrée
triomphante dans Paris.

ROBERT.

Vive Marcel , vive le Prévôt des Marchands!

MARCEL.

Mais avant tout j'aurai fait tomber la tête de
Maillard.

ROBERT.

Et moi celle de Richard.

MARCEL, *voyant entrer Richard.*

Richard! Robert, le voilà!

SCÈNE XII.

LES PRÉCÉDENS, RICHARD.

RICHARD.

MARCEL! je vous annonce le Dauphin.

MARCEL.

Le Dauphin!

RICHARD.

Lui-même; au sortir des États, & avant de rentrer au Palais des Tournelles, il a voulu s'arrêter chez vous. Ravi, enchanté de l'honneur qu'il vouloit vous faire, j'ai accouru vous en instruire, & je ne le devance que de quelques pas. Je l'entends, le voilà!

SCÈNE XIII.

LES PRÉCÉDENS, LE DAUPHIN.

MARCEL.

QUOI, mon Prince, vous daignez....

LE DAUPHIN.

Ce n'est pas le Dauphin, c'est l'ami qui vient vous voir. Tout-à-l'heure, à l'Hôtel de Ville, en-

vironné de trop de monde, je n'ai pu faire parler
que le Prince ; mais, en ce moment, débarrassé du
faste de la Cour, je viens avec vous me féliciter
d'avoir pu regagner un homme tel que vous. Je
me suis dérobé à ma Suite, & vous confirme à
présent, dans l'intimité de la confiance, ce que
vous auriez cru peut-être ne devoir qu'à la politique.

MARCEL.

Ah ! mon Prince ! je ne doutai jamais….

LE DAUPHIN.

Cependant Marcel , que veut dire cette assemblée ? Ces gens inconnus ! ce sont des Navarrois ?…

MARCEL.

Le Dauphin pourroit-il craindre ?

LE DAUPHIN.

Non, je vois avec eux le fils de Maillard, je
ne crains plus rien.

RICHARD.

Cet éloge de mon Prince m'est bien glorieux
& bien doux ; j'oserai cependant lui dire que je
ne faisois qu'entrer quand il a paru.

LE DAUPHIN.

Que faisoient ici ces Étrangers ?

MARCEL.

Informés du pardon généreux que vous avez
daigné m'accorder , & trop persuadés que je
pourrois près de mon Prince leur en obtenir un
pareil , ils venoient me conjurer d'implorer votre
clémence pour des erreurs qu'ils ont partagées avec
moi.

LE DAUPHIN.

Eh bien, qu'ils se repentent, & je leur fais grace!

RICHARD.

Que ce premier mouvement fait honneur au cœur de mon Prince! Mais daignera-t-il m'excuser, si j'ose lui dire qu'un tel pardon me paroît dangereux.

LE DAUPHIN.

Dangereux! & comment?

RICHARD.

Ce sont des sujets du Roi de Navarre, de l'implacable ennemi de la France ; & tant qu'il lui restera dans Paris quelques intelligences, jamais le Trône ne sera à l'abri de ses attentats.

MARCEL, se contraignant.

Richard a raison : dans la fleur de l'âge il a toute la sagesse de son père.

LE DAUPHIN.

Je me rends à vos conseils réunis. Partez, malheureux, qui fûtes trop longtems de la France le théâtre de la révolte & de la sédition, retournez à votre Roi, dites-lui que désormais nous ne le craignons plus, Marcel & Maillard sont les amis de la Patrie. Portez loin de nos murs la honte & la confusion qui doivent être gravées sur le front des traîtres; qu'à votre aspect impur, tout Citoyen ami de son pays éprouve un sentiment de défiance & de mépris. Errez de Villes en Villes, de Provinces en Provinces, & devenez la fable & la risée des Peuples même chez qui vous irez mendier un déshonorant asile.

MARCEL.

J'avois prévu votre réponse & leur arrêt, mon

Prince, & d'avance je les avois envoyés dans
les lieux qui feuls peuvent endurer leur préfence.
Vous avez entendu !... Sortez.

SCENE XIV.

LES PRÉCÉDENS.

LE DAUPHIN.

MAINTENANT je fuis tranquille ; Marcel,
preffez leur départ, c'eft un foin dont je vous
charge.

MARCEL.

Avant le point du jour ils auront rejoint le
Roi de Navarre.

LE DAUPHIN.

Je me repofe fur vous. On m'attend. Marcel,
fuivez mes pas, j'ai à vous confulter fur un plan
d'importance où vos fages confeils me font indif-
penfables. Vous, Richard, allez annoncer à votre
père que nos ennemis vont purger ces lieux de
leur odieufe préfence.

RICHARD.

Je cours à l'inftant accomplir les ordres de mon
maître. (*Il fort.*)

LE DAUPHIN.

Venez, Marcel ! Qu'en me voyant feul avec
vous, tous les François croient notre réconciliation auffi vraie que durable, & que nos Ennemis tremblent & rentrent dans le devoir.

SCENE XV.

GABRIELLE, *sortant du Cabinet.*

ILS sont partis!... Justes dieux!.. Dois-je croire ce que je viens d'entendre! J'en frémis encore d'horreur & d'épouvante! Quel abominable complot! quelle conjuration exécrable! & mon père! mon père lui-même, trompant la confiance du Prince le plus généreux, l'ami le plus magnanime, l'attente d'un peuple entier; mon père, parjure à tous les sermens de l'honneur & de la probité, est l'âme & le chef d'un parti de scélérats! & je n'en puis douter! O fille infortunée!.. Mais dans ce moment peut-être ils répandent le sang de Maillard! ils promènent en triomphe la tête sanglante de mon amant! courons, volons! révélons à Maillard ce projet homicide; le Ciel permettra qu'il en soit tems encore. Le Prince dans son juste courroux, peut-être eût fait conduire les traîtres au supplice; mais Maillard parlera encore pour son ami, il lui sauvera la vie, & pour première condition du service que je vais rendre à mon pays, je demanderai, j'obtiendrai la grace de mon père.

Fin du second Acte.

ACTE III.

(Le Théâtre repréſente la Porte St-Antoine).

SCENE PREMIERE.
MARCEL, *ſeul.*

ONZE heures viennent de ſonner ! amis , gardez bien vos poſtes , & obſervez le plus pro-fond ſilence. Encore une heure & Paris eſt à nous ! Plongés dans le ſommeil , & livrés à une ſécurité trompeuſe , les Pariſiens ne penſent pas que cette nuit ſera pour eux une nuit éternelle ! combien cette idée ajoute à mon impatience !... Maillard ! inſolent , orgueilleux Maillard , je vais donc être vengé de toi !... Vante-nous mainte-nant ta prudente vigilance , ta défiance active , ta pénétration que rien ne peut tromper ; tu dors peut-être à ton poſte , & de celui-ci , dont ta cré-dule imprudence m'a laiſſé le maître , la mort s'avance à grands pas vers toi. Voilà comme tu défends , comme tu protéges Paris & ſes Citoyens ! Ouvrons toujours les portes , & que le Roi de Navarre entre ſans obſtacle , quand l'heure mar-quée ſonnera !... Maintenant Maillard lui-même ſauroit notre complot qu'il ne pourroit en em-pêcher le ſuccès ; avant qu'il pût arriver , le Roi de Navarre ſeroit dans le centre de Paris !.... On approche.

SCENE II.
MARCEL, MAILLARD.

MARCEL.

Qui vive?

MAILLARD.

Maillard!

MARCEL.

Maillard?

MAILLARD.

Moi-même!

MARCEL.

Eh pourquoi quittes-tu ton poste?

MAILLARD.

Parce qu'un traître occupe le tien!

MARCEL.

Quel est ce traître?

MAILLARD.

Toi.

MARCEL.

Moi!

MAILLARD.

Toi-même!

MARCEL.

On t'a trompé.

MAILLARD.

Non, je sais tout. J'ai cru ce matin embrasser
un ami! en me pressant dans tes bras, en me
serrant la main, en me donnant ta parole d'hon-

neur , tu me trompois! J'ai cru demander &
obtenir grace pour un sujet repentant & devenu
fidèle , aux genoux du Dauphin tu tramois sa
ruine & celle de ton pays.

MARCEL.

Tu peux croire....

MAILLARD.

Ne t'abaisse plus à feindre, c'est une lâcheté de
plus ! Je connois ton complot , & tes chefs subal-
ternes sont déjà dans les chaînes en attendant le
supplice des traîtres. A minuit tu dois livrer cette
porte au Roi de Navarre. Ton digne compagnon
c'est Robert, à qui tu as promis la main de ta fille ,
& la tête de mon fils ; ce même Robert devoit
forcer les portes du Châtelet , & armer les brigands qu'il contient ; Gors devoit s'emparer du
Bourg-l'Abbé ; Anderson mettre le feu aux Halles ;
l'Allier aux Bibliothèques ; Artauld & Félix au
Palais des Tournelles. Par ces détails principaux
tu dois croire que le reste ne m'est point caché !
Mais le Génie tutélaire , le Génie protecteur de
la France n'a point permis que le crime fût con-
sommé ; & je rends grace au ciel de ce qu'il m'a
choisi pour être le sauveur de mon pays.

MARCEL.

Quoi, sur des rapports peut-être infidèles !...

MAILLARD.

N'espère plus me tromper , on a tout entendu.

MARCEL.

Cela est faux.

MAILLARD.

Cette hache devroit punir ton mensonge. Dé-

ments donc, dements... Ta propre fille, ce vertueux enfant du plus perfide & du plus criminel de
tous les pères ; paroiffez Gabrielle ! & ne craignez
rien.

SCENE III.

LES PRÉCÉDENS, GABRIELLE.

MARCEL.

MA fille !

GABRIELLE.

Mon père !

MAILLARD.

N'approchez pas de lui ! Un traître à fa Patrie
pourroit bien être un père dénaturé ; & après
avoir voulu fe baigner dans le fang de fes conci-
toyens, il pourroit bien verfer fans remords celui
de fa fille.

GABRIELLE.

Mon père ! vous détournez votre vue de moi.
Ah ! de grace pardonnez-moi de vous avoir épar-
gné le plus horrible des forfaits. En trahiffant votre
épouvantable fecret, Maillard le fait bien, pour
première condition j'avois obtenu la vie de mon
père.

MAILLARD.

Oui, c'eft à fes larmes feules, à fa vertu que
tu dois le jour. J'ai inftruit le Dauphin du complot ; je lui en ai nommé les chefs, mais je lui
ai caché ton nom : c'eft la feule grace que tu puiffes

attendre. Ce Prince va venir, évite sa présence : c'est le dernier conseil que ma pitié pour un perfide puisse lui donner.

M A R C E L.

Ta pitié !... Je la méprise autant que ta haine ou ton amitié.

M A I L L A R D.

Ne replique plus ! un moment de plus va rendre ta fille témoin de ton supplice. Pars : je peux, je consens à t'ouvrir les portes !... Mais elles le sont déjà !... Et tu n'attendois pas le Roi de Navarre !.. Et tu ne trahissois pas le sang de tes Rois & la Capitale de la France !.. N'en aurois-je que cette dernière preuve , elle suffiroit pour t'envoyer à l'échafaud.

M A R C E L.

Eh bien oui, je pars ; mais crains mon retour !

M A I L L A R D.

Reviens honnête homme, c'est le seul moyen de me surprendre !

M A R C E L.

Et vous, fille ingrate & parricide suivez mes pas ou craignez ma colère & ma vengeance.

M A I L L A R D.

Non , je lui défends de t'obéir ! Elle n'est plus à toi, elle est à la France qu'elle vient de sauver. C'est elle désormais qui doit lui tenir lieu d'un père qui ne mérite plus d'en porter le nom.

M A R C E L.

Tant d'outrages ne resteront pas impunis ; & puisque ma fille même se range du côté de mes ennemis , des meurtriers qui m'attendent , je cours à la vengeance , & si je trouve la mort ,

c'est

c'eſt ſur elle que retombera tout le ſang de ſon père. (*Il ſort par les portes de la Ville.*)

SCENE IV.

MAILLARD, GABRIELLE

GABRIELLE.

Ah! Maillard! vous l'avez entendu! il a maudit ſa fille!

MAILLARD.

Calmez-vous : le ciel repouſſe la malédiction d'un père qui trahit ſon pays, & la voix de votre innocence y parviendra avant ſes injuſtes imprécations. Mais entendez-vous? A la lueur des clartés dont les rues ſont remplies, je vois arriver mon fils à la tête de fidèles Soldats.

SCÈNE V.

LES PRÉCÉDENS, RICHARD.

MAILLARD.

Viens, mon fils, viens! nous n'avons plus à craindre au-dedans des murs; c'eſt des attaques du dehors qu'il faut maintenant nous défendre avec vigueur.

D

G A B R I E L L E.

Quoi, Maillard, vous croyez que mon père va revenir....

M A I L L A R D.

Il ôtera tout ! Furieux de se voir démasqué, il va joindre le Roi de Navarre, & croyant que nous n'aurons pas eu le tems de nous préparer à la défense, il reviendra avant l'heure qui dut lui servir de signal.

G A B R I E L L E.

Que mon père me rend malheureuse !

R I C H A R D.

Consolez-vous, ma chère Gabrielle, le mien vous reste, il nous en servira à tous deux.

M A I L L A R D.

Je vous le promets ; mais nous sommes encore en danger... Richard, ferme les portes.

R I C H A R D.

J'obéis.

M A I L L A R D, aux Soldats.

Vous, mes amis, suivez-moi ! Visitons & relevons tous les postes qui nous sont suspects. Toi, Richard, attends-moi ici : je vole & je reviens.

S C E N E V I.

R I C H A R D. G A B R I E L L E.

G A B R I E L L E.

QUEL affreux moment se prépare ! L'Ennemi s'avance, & mon père le conduit ! Et je ne serai pas à ses côtés pour le défendre!.. J'aurois dû suivre ses pas, partager sa bonne ou sa mauvaise fortune, vivre ou mourir avec lui, votre père m'a retenue.

RICHARD.

Il a bien fait. Quoi, ma vertueuse amie! Vous auriez pu vous résoudre à vous mêler parmi des traîtres; vous auriez pu former des vœux pour ceux à qui on avoit promis la ruine de Paris, la tête de mon père & la mienne!

GABRIELLE.

Quelle épouvantable image! Non! A côté de mon père, tous mes vœux auroient été pour le salut de la France! Mais peut-être mes prières & mes larmes auroient fléchi son cœur, je vous l'aurois ramené vertueux comme votre père, & vous; alors, libre de toutes craintes, on m'auroit vue partager vos dangers; & enflammée par votre courage, vous aider à sauver Paris, ou mourir avec vous sur ses débris.

RICHARD.

Vous avez fait votre devoir, ne vous reprochez rien. La nature en vous a cédé à l'amour sacré de la Patrie, c'est l'héroïsme d'une Françoise, & vous êtes célèbre à jamais. A côté du nom d'un Prévôt-des-Marchands traître à son Pays, on verra celui de sa fille qui l'aura sauvé; & votre gloire, par son éclat, effacera le crime de votre père. On lui pardonnera une faute qui aura donné à la France une Héroïne de plus, & un grand modèle à imiter, même aux plus vertueux patriotes.

GABRIELLE.

Vous me consolez, Richard, mais vous ne me persuadez point.

RICHARD.

Et comptez vous pour rien de m'avoir conservé le plus tendre & le plus révéré des pères ?

GABRIELLE.

J'ai vu d'abord le danger de la France, ce n'est qu'après que j'ai pensé au père de Richard.

RICHARD.

Et moi-même, si je respire encore pour vous adorer, c'est à vous que je le dois.

GABRIELLE.

Si je n'avois eu à craindre que pour mon père ou mon amant, sans doute je serois morte de douleur après vous; mais je n'aurois point balancé à sauver mon père.

RICHARD.

Quoi, ni la gloire, ni l'amour, ni la certitude d'avoir fait votre devoir ne peut vous rassurer.

GABRIELLE.

Marcel est avec le Roi de Navarre, sa fille est dans Paris, & je sens que ma place étoit marquée à ses côtés.

RICHARD.

C'est pousser trop loin le scrupule de la vertu... Mais on s'approche.

SCENE VII.

LES PRÉCÉDENS, MAILLARD.

MAILLARD.

AMIS, voilà encore une Troupe vendue au Roi de Navarre! Ce sont des traîtres, je les ai fait charger de chaînes; qu'ils soient plongés dans un cachot, & revenez promptement partager nos dangers & notre gloire. (*On les emmène*).

RICHARD.

Mon père, voici le Dauphin.

MAILLARD.

J'étois bien sûr qu'il ne tarderoit pas à venir nous guider au combat. Allons, compagnons, c'est pour sauver Paris que vous allez marcher à l'Ennemi! Qui de vous ne seroit pas vaillant, quand l'héritier du Trône se montre comme le premier Citoyen! le voilà!

SCENE VIII.

LES PRÉCÉDENTS, LE DAUPHIN. *Troupe de Soldats.*

LE DAUPHIN.

EH BIEN! Maillard, qu'avez-vous à m'apprendre? Je vous amène tous les Seigneurs de la Cour que le bruit de notre danger a fait soudain se rasfembler autour de moi. Vous voyez auffi cette Troupe de bons Citoyens, de braves Soldats. Ils font tous prêts à bien faire , & je vais leur fervir de modèle.

MAILLARD.

De ce moment, la victoire eft à nous. Sous les yeux de fon maître, chaque foldat François eft un héros, & devient invincible.

LE DAUPHIN.

Je ne demande point à Maillard fi tout eft prêt pour la défenfe.

MAILLARD.

Je viens de vifiter tous les poftes qui font menacés ; ils font gaidés par de braves gens dont je réponds. Un feul étoit occupé par des Navarrois, je les ai fait mettre dans les fers, & remplacer par mes amis.

LE DAUPHIN.

Ah ! Maillard ! Que ne vous dois-je pas ?

MAILLARD.

Mon Prince , c'eft après la victoire que vous pourrez m'honorer de vos éloges, fi vous croyez en devoir à un Citoyen qui n'aura fait que ce qu'il devoit faire.

LE DAUPHIN.

Mais pourquoi, parmi nos chefs, ne vois-je pas Marcel ?.. Vous ne répondez rien !.. Maillard détourne la vue !.. Son fils tient les yeux baiffés !.. La fille de Marcel à mes genoux !.. Que veut dire un fi morne fpectacle ?

GABRIELLE.

Ah' mon Prince, à mes larmes vous devez deviner l'affreufe vérité.

LE DAUPHIN.

Marcel eft perfide une dernière fois !

MAILLARD.

Mais, mon Prince, daignez vous fouvenir que c'eft à fa fille que vous devez le falut de l'État, le vôtre & celui de tous les François ! Quel crime ne doit point effacer une action fi généreufe !

LE DAUPHIN.

Relevez-vous, Citoyenne magnanime ! Quelque foit dans peu mon deftin, je vous accorde pour jamais ma protection & mon eftime... En quels lieux Marcel a-t-il porté fes pas ?

MAILLARD.

Hors des murs, où je ne doute pas qu'il n'ait été fe ranger fous les Drapeaux du Roi de Navarre.

LE DAUPHIN.

C'eft donc un Ennemi de plus.

MAILLARD.

Et qui ne fera pas difficile à foumettre. Tout homme qui combat contre fon Pays, fent l'aiguillon du remords, & déjà fon bras eft à demi vaincu.

LE DAUPHIN.

Je le crois comme vous, Maillard.... Mais... Ecoutons.... N'entends-je pas un bruit fourd d'hommes armés qui s'avancent ?

MAILLARD.

Oui, mon Prince ; c'eft fûrement le Roi de Navarre !

LE DAUPHIN.

Aux armes, François ; c'eft pour vos foyers que vous allez combatre : fuivez mon exemple & la victoire eft à vous. Garniffez les remparts, obfervez

le plus profond silence, & que personne n'abandonne son poste qu'avec la vie ! Marchons !

GABRIELLE.

Ah ! Maillard ! Et vous, Richard ! Si vous m'ai-
mez, tâchez de découvrir l'endroit où combattra
mon père ; veillez, s'il se peut, sur ses jours, & du
moins gardez-vous bien de tremper vos mains dans
son sang.

RICHARD.

Vous pouvez compter sur moi.

*(Le Dauphin, en silence, fait mettre chacun à son
poste. La musique exécute avec des sourdines l'air
sur lequel les Soldats se rangent en bataille. Pendant ce tems, Gabrielle restée sur le devant, se livre à tous les mouvemens de crainte, de douleur,
qui se succèdent rapidement dans son ame).*

SCENE IX.

GABRIELLE, *seule.*

LE sort en est jetté ! Le sang va couler, & c'est
par les crimes de mon père ! — Le bruit augmente !
Il s'approche ! — J'entends déjà le cliquetis affreux
der armes ! — Le son des instrumens guerriers a
porté dans mon cœur l'épouvante & la mort ! — A
peine je respire ! — Les forces m'abandonnent !

LE DAUPHIN *sur les remparts.*

Amis ! Vous êtes François ! Je suis le fils de votre
Roi, voilà l'Ennemi ! Donnons.

GABRIELLE.

Ciel! Sauve les jours de mon père, jusqu'à ce qu'il ait réparé les crimes de sa vie.

(Le Roi de Navarre arrive sous les murs, y fait planter les échelles & donner l'assaut. L'attaque est terrible, la défense vigoureuse ; les Navarrois parviennent au sommet des Remparts, & sur la Plate-forme se livrent différens Combats singuliers où les Navarrois sont vaincus & précipités du haut des murs. Enfin leur déroute est générale).

LE DAUPHIN *sur les Remparts.*

François ! La victoire est à vous, les Navarrois cèdent à votre courage. Poursuivons les fuyards ; & qu'il n'en reste, s'il se peut, pas un seul pour porter dans leur patrie la nouvelle de leur défaite.

GABRIELLE.

Grace au Ciel, je respire ! La France est sauvée ! Pourquoi faut-il que, dans l'allégresse publique, j'aie moi seule à pleurer l'honneur & la gloire de mon père !

LE DAUPHIN *descendu des Remparts.*

Ouvrez les portes, & suivez-moi !

MAILLARD.

Ah ! mon Prince ! Vous avez assez exposé votre vie : le Héros a paru dans le poste d'honneur. Poursuivre les vaincus, c'est notre emploi. Dans l'épaisseur des ténèbres, un coup malheureux peut vous frapper au hasard, & votre mort resteroit sans vengeance ! Vivez pour les François dont vous êtes l'espérance & l'honneur. Ils vont achever de vaincre pour vous, qui êtes déjà leur père & leur

amour. Toi, Richard, refte auprès du Prince,
crainte de furprife ; & nous, amis, volons fur les
traces des Navarrois.

GABRIELLE.

Maillard! Maillard ! Epargnez mon père !

MAILLARD.

J'y confens , par refpect pour fa fille.

SCENE X.

LE DAUPHIN. GABRIELLE. RICHARD.
SUITE.

LE DAUPHIN.

RICHARD, vous venez de combattre à mes côtés ; j'ai été témoin de votre courage , croyez qu'il
ne fera pas fans récompenfe.

RICHARD *montrant Gabrielle.*

Ah ! mon Prince ! Puifque vous daignez m'en
promettre une, voilà la plus douce que je puiffe
obtenir !

LE DAUPHIN.

De ce moment je vous la donne ; & je veux que
toute la pompe de la Couronne embelliffe l'hymé-
née de la généreufe Citoyenne qui l'a confervée à
fon Roi.

GABRIELLE.

Tant d'honneur eft bien flatteur , fans doute ;
mais oferois-je vous demander une grace encore
plus intéreffante.

LE DAUPHIN.

Je n'ai rien à vous refuser, expliquez-vous.

GABRIELLE.

Marcel va peut être, comme prisonnier, être ramené à vos genoux : sujet infidèle, il mérite la mort; mais si vous l'ordonnez, c'est moi qui l'assassine ! J'ai livré son secret, & c'est la main de la fille, qui, par votre arrêt, va verser le sang du père.

LE DAUPHIN.

Plus de crainte ! Vous me l'avez rendu respectable & sacré. Votre père vivra, & vos vertus le rendront à sa Patrie & à son devoir.

SCENE XI.

LES PRÉCÉDENS, MAILLARD.

MAILLARD.

PARIS est sauvé ! Voilà son unique ennemi ! C'est mon Prisonnier ! Qu'il devienne celui de l'État, & que le bonheur & la tranquillité publique soient sa rançon !

LE DAUPHIN.

Le Roi de Navarre !

MAILLARD.

Lui-même ! Et je m'applaudis doublement de ma victoire ! Je l'ai saisi le poignard levé sur le sein de votre père.

GABRIELLE.

Oh ciel ! Vous, Seigneur ! Quoi, fans Maillard,
vous alliez l'égorger.

LE ROI DE NAVARRE.

La mort & la honte font la récompenfe que l'on
doit aux traîtres ; & mon unique regret eft de n'a-
voir pu l'immoler ! Marcel m'eut couronné, fon
corps eut été le premier dégré de mon Trône ; il
n'a pu me fervir, je devois venger la caufe des Rois.

LE DAUPHIN.

Prince ingrat & perfide , il vous fied bien de
parler d'un titre que vous deshonorez. L'Univers
entier retentit du bruit de vos trahifons; & fi la
perfonne des Rois n'étoit pas inviolable & facrée,
comme vous avez féduit Marcel, vous fubiriez le
fupplice qui devroit être le fien ; mais n'efperez pas
jouir toujours d'une injufte & fatale impunité. Il
eft une juftice éternelle, aux yeux de qui les Rois
ne font que des hommes, & qui les pèfe dans la
même balance. C'eft à cette juftice que j'abandonne
votre châtiment. Un jour viendra, n'en doutez
point, où, pour venger le monde entier , dont vous
vous faites pendant votre vie un jouet indécent &
continuel, fon bras s'armera d'une manière épouvantable & terrible. Tous vos parjures, tous vos
complots, indignes de la majefté du Trône, crie-
ront au Ciel contre vous ; & la mort la plus horrible emploiera, pour vous frapper , la main même
des objets que vous choifirez pour renouveller la
coupe impure des voluptés que vous aurez épuifées
dans leurs bras. Cependant le Roi, mon père, revient bientôt. Vous ferez refpecté, par rapport à
votre rang, jufqu'à fon retour ; mais vous l'attendrez

dans les fers, & lui seul sera l'arbitre de votre desti-
née. Gardes ; conduisez le Roi de Navarre au Palais
des Tournelles ; sur votre tête vous me répondrez
de sa personne.

SCENE XII, & dernière.

LES PRÉCÉDENTS.

LE DAUPHIN.

Venez, Maillard ! Des Citoyens comme vous ne
peuvent jamais être trop près de leurs Princes !

MAILLARD.

Ah ! mon Prince ! A vos genoux....

LE DAUPHIN.

Dans mes bras, sur mon cœur ! Voilà votre place
pour la vie ! Richard, & vous Gabrielle, je me
souviens de ma parole.

GABRIELLE.

Maillard ! Je ne vois point mon père !

LE DAUPHIN.

Donnez-lui le tems de me connoître & de m'ap-
précier ; & de lui-même il reviendra dans vos bras !
En attendant, que votre mariage avec le fils de
Maillard soit pour lui le signal d'une entière amnistie, &, pour la France, le gage de la paix & du
bonheur.

FIN.

www.ingramcontent.com/pod-product-compliance
Ingram Content Group UK Ltd.
Pitfield, Milton Keynes, MK11 3LW, UK
UKHW021436090726
13657UKWH00003B/1108